COZINHA DE Estações

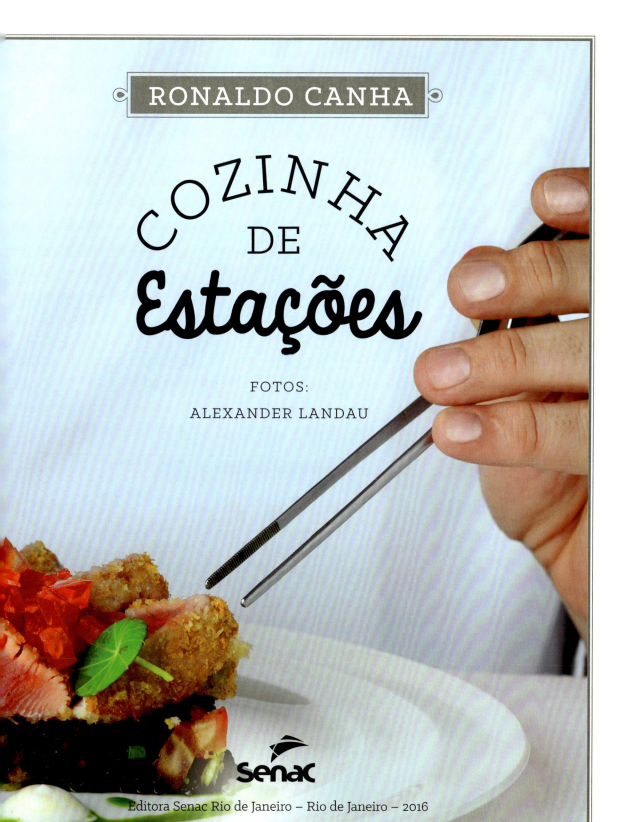

RONALDO CANHA

Cozinha de Estações

FOTOS:
ALEXANDER LANDAU

Editora Senac Rio de Janeiro – Rio de Janeiro – 2016

Cozinha de estações
© Ronaldo Canha, 2016.

Direitos desta edição reservados ao Serviço Nacional de Aprendizagem Comercial – Administração Regional do Rio de Janeiro.

Vedada, nos termos da lei, a reprodução total ou parcial deste livro.

SISTEMA FECOMÉRCIO RJ
SENAC RJ

Presidente do Conselho Regional do Senac RJ
Orlando Santos Diniz

Diretor de Negócios do Senac RJ
Marcelo Jose Salles de Almeida

Editora Senac Rio de Janeiro
Rua Pompeu Loureiro, 45/11º andar
Copacabana – Rio de Janeiro
CEP: 22061-000 – RJ
comercial.editora@rj.senac.br
editora@rj.senac.br
www.rj.senac.br/editora

Editora: Karine Fajardo

Prospecção: Emanuella Feix, Manuela Soares e Viviane Iria

Produção editorial: Cláudia Amorim, Jacqueline Gutierrez e Thaís Pol

Copidesque: Cecilia Setubal

Fotografias: Alexander Landau

Projeto gráfico: Ventura Design | Marcela Perroni

Tratamento de imagens: Ô de Casa | Inês Coimbra

Impressão: Coan Indústria Gráfica Ltda.

1ª edição: março de 2016

CIP-BRASIL. CATALOGAÇÃO NA PUBLICAÇÃO
SINDICATO NACIONAL DOS EDITORES DE LIVROS, RJ

C227c
  Canha, Ronaldo
  Cozinha de estações / Ronaldo Canha. - 1. ed. - Rio de Janeiro: Ed. Senac Rio de Janeiro, 2016.
  100 p.; 23 cm
  Inclui índice
  ISBN 978-85-7756-341-8
  1. Gastronomia. 2. Culinária - Receitas. I. Título.
16-30333
                                          CDD: 641.5
                                          CDU: 641.5

A minha esposa e meu filho, que
contribuíram com estímulo, paciência
e amor para a confecção deste livro.

A minha mãe, meu pai e meus irmãos, que me
deram suporte e sempre estiveram presentes.

À equipe que trabalha comigo,
me atura e me auxilia todos os dias:
Francisco Souza, Eric Nunes,
Alessandro Rodrigues, Alvani Paiva,
Eduardo Campos, Francisco Gervâncio,
Edilson Moreno, Francisco Otacílio,
Romário Nascimento, Antônio Vadi,
Ronaldo Pereira, Francisco Assis,
Ednardo Pereira e José Henrique.

Sumário

PREFÁCIO 15

AGRADECIMENTOS 17

INTRODUÇÃO 19

PRIMAVERA

Salmão semicru com sua pele crocante, molho de cebola com gengibre e shoyu e chantili de raiz-forte **28**

Carpaccio de cherne com aspargos, croûtons, azeite de carvão e pesto de rúcula com cítricos ... **30**

Lagosta em baixa temperatura com ghee de ervas, palmito, abóbora e ervilha **32**

Galinha-d'angola em dois cozimentos, molho com especiarias, espinafre e arroz de amêndoas (acompanha saladinha de flores e brotos) **34**

Paleta de cordeiro assada com seu glace, batata calabresa com vegetais e farofa crocante **36**

Miniperas ao vinho do Porto, baunilha e canela e creme de mascarpone com limão e amêndoas tostadas **38**

Abacaxi caramelizado com manjar de gengibre, calda de maracujá e touille de amêndoas **40**

VERÃO

Manga com queijo de cabra brûlé, salada de folhas ao vinagrete de mel de engenho e telha de pecorino **44**

Vieiras grelhadas, com abobrinha e aipo **46**

Salmão defumado, vinagrete de shiitake com macadâmia e guacamole **48**

Terrine de foie gras com figo e saladinha de brotos **50**

Camarão VG, ragu de tomate com chouriço espanhol e purê de maçã **52**

Ribeye steak de Angus full blood ao demi-glace de rabada com batata-doce gratinada com queijo azul, échalotes ao balsâmico e aspargos **54**

Verrine de cheesecake de mascarpone com frutas vermelhas e biscoito de amêndoas **56**

OUTONO

Ostras crocantes com aïoli de anchova
e ostras cruas com tartare de tomate **60**

Tartare de frutos do mar com banana
e vinagrete de balsâmico e tangerina **62**

Berinjela grelhada com aïoli de páprica, aïoli de
cítricos, pó de parma e azeite de ervas **64**

Polvo grelhado ao pesto de pistache
com nhoque de azeitonas pretas,
tomatinhos e manjericão **66**

Atum semicru em crosta de atum
defumado, arroz negro com *basilico* e tomate
e vinagrete de iogurte com limão **68**

Duo de cordeiro (compressé e costeleta)
em seu glace com cogumelos e minicenouras **70**

Costela de 12 horas com farofa de
farinha-d'água, baroa assada e aspargos **72**

INVERNO

Sopa bicolor de cará e de ervilha
e azeite de aipo e hortelã **76**

Ovos moles com polenta branca,
farofa de farinha-d'água e caldo de porco **78**

Camarão ao curry e coentro com
risoto de abóbora e chips de coco **80**

Pato com purê de cenoura, lentilha
e molho de café, cacau e mel **82**

Steak de filé aos dois pestos
e vegetais tostados **84**

Pernil de leitão à pururuca com
purê de batata-roxa, ceboletas
e farofa de castanha-do-pará **86**

Fondant de chocolate com morangos frescos **88**

ÍNDICE DE RECEITAS **90**

Prefácio

JOSÉ HUGO CELIDÔNIO

Anos atrás, após comer um prato delicioso durante um jantar no restaurante de meu filho Geraldo, perguntei-lhe quem era o chef. Disse-lhe, então, que iria "roubá-lo", ao que, por respeito aos mais velhos, ele não se opôs. E foi assim que Ronaldo Canha assumiu a chefia do Clube Gourmet, onde ficou por dois anos. Trabalhou, depois, com meu amigo Ricardo Amaral e, já há algum tempo, foi para o restaurante Quadrucci.

Ainda, antes de falar sobre este livro, preciso contar mais uma historinha que ilustra a trajetória e a habilidade de seu autor: um belo dia, recebi um pote com tomates secos por ele preparados no Vale do Formoso. Como gostei muito, sugeri que Ronaldo mandasse um pote para o chef Claude Troisgros, que também adorou. Desde então, sua produção de tomates secos entrou em escala industrial.

Acompanho agora Ronaldo em sua nova empreitada: a *Cozinha de estações*. De imediato, gostei muito da ideia de suas receitas se apresentarem nesta obra divididas entre as quatro estações do ano.

Da primavera, fiquei muito curioso com a galinha-d'angola em dois cozimentos, molho com especiarias, espinafre e arroz de amêndoas, acompanhada da salada de flores e brotos – sou apreciador (e criador no meu sítio) dessa ave tão pouco valorizada em nossos restaurantes.

Do verão, quero provar as vieiras grelhadas, com abobrinha e aipo.

Do outono, espero um dia conhecer a berinjela grelhada com aïoli de páprica, aïoli de cítricos, pó de parma e azeite de ervas.

E, por fim, do inverno, desejo experimentar o pernil de leitão à pururuca com purê de batata-roxa, ceboletas e farofa de castanha-do-pará.

Termino com a dica de que vocês experimentem os tomates secos produzidos pelo Ronaldo, conheçam os pratos do Quadrucci e deem este livro de presente para muitos amigos.

Agradecimentos

A meus pais, que me guiaram da melhor maneira
que se pode imaginar.

A Liza, minha esposa, e Bernardo, meu filho,
que são a inspiração e o combustível para
que eu prossiga no caminho, feliz.

A todos que participam da minha jornada:
os irmãos, donos do Quadrucci (casa em que
estou desde 2010 e onde encontrei respaldo,
estímulo, parceria e carinho nas pessoas de
Mara e Mario Fonseca e Eduardo Bellizzi,
para desenvolver, feliz, meu trabalho), bem como
meus subchefs Eric Nunes e Francisco Souza
e toda a equipe de cozinha que me completa.

Agradeço ainda a Maria Teresa Merheb Cerâmicas,
Luíza Aquim Cerâmicas e Image Presentes, que me
cederam as louças para as fotografias desta obra.
À Editora Senac Rio de Janeiro, que acreditou no projeto,
às assistentes de minha mãe, Sônia e Cida,
e a todos os que, de maneira direta ou indireta,
participaram desta produção
(em especial, a Karine Fajardo e Alexander Landau).

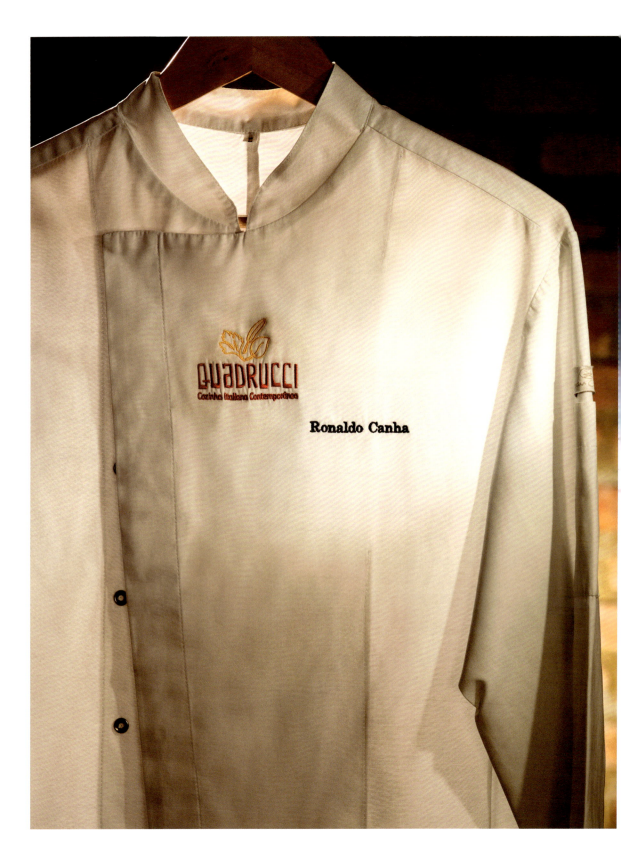

Introdução

Fiz meu primeiro trabalho em cozinha em 1996, quando não havia sequer estudado Gastronomia. Era um intervalo da faculdade de Administração e fui preparar comida para um grupo de vinte pessoas, que faziam um trabalho fotográfico perto de São Paulo, durante vinte dias. No final, percebi que estava gostando muito e resolvi buscar um estágio. Consegui em um dos melhores lugares possíveis: o restaurante Roanne, do chef Emmanuel Bassoleil – para mim, um dos três maiores que atuam no Brasil. Foi incrível! Um mundo completamente novo, cheio de possibilidades e caminhos se abria. Fiquei em êxtase e, já no primeiro dia, decidi que era isso o que eu queria fazer!

Passei dois meses no Roanne trabalhando diretamente com o chef quase todos os dias. Alguns acontecimentos ali marcariam minha memória... Certa vez, em um sábado à noite, com o restaurante completamente lotado, o chef saiu do salão e foi à cozinha para fazer uma verificação. Ele se dirigia à praça de sobremesas, mas de repente parou e começou a "farejar" algo. Assim ficou por alguns segundos e logo perguntou: "Quem fez foie gras?" Um dos cozinheiros disse que o último prato de fígado de ganso havia ficado pronto dez minutos antes. O chef, então, se dirigiu ao local para onde retornavam os pratos do salão e começou a procurar entre os restos. "Achei!", bradou, ao pegar um pedaço de foie gras que havia retornado do cliente. Em seguida, o levou até o cozinheiro responsável e falou: "Veja este pedaço que voltou, como está muito passado! Se estivesse bom não voltaria. Trate de acertar o ponto, senão lhe acerto!"

Fiquei petrificado! Ele havia identificado, entre milhões de aromas de uma cozinha completamente lotada, em momento de confusão total, o cheiro de foie gras um pouco passado do ponto! Incrível! Quase um perdigueiro! Percebi sensibilidade e perfeccionismo fantásticos. Nunca me esquecerei dessa lição preciosa, uma das muitas desse período.

Depois desse estágio, iniciei o curso de Chef de Cozinha Internacional no Senac, em Águas de São Pedro, São Paulo, em 1997. O curso tinha convênio com o Culinary Institute of America, e, por isso, todos os professores vinham da Unidade da Califórnia para nos ensinar. Tive aulas com norte-americanos, asiáticos, chineses, alemães, franceses, espanhóis etc. Foi como se eu tivesse tido a oportunidade de trabalhar em várias cozinhas do mundo sem sair de Águas de São Pedro. Lá conheci vários estilos e métodos. Cada chef tinha sua particularidade, sua maneira de cozinhar, de ensinar e de cobrar! Passei dois anos lá e saí com a cabeça fervilhando de conhecimentos, ansioso por testá-los.

Como todo profissional em início de carreira, em 1997 ao ingressar no curso do Senac em Águas de São Pedro, eu precisava arranjar um meio de ganhar dinheiro, porque, depois de eu já ter feito duas faculdades, meu pai havia combinado comigo que iria patrocinar o curso e minhas necessidades principais, mas o restante seria por minha conta.

Assim, como eu havia aprendido com a mãe de uma amiga a fazer um tomate seco muito gostoso, comecei a produzi-lo e procurei estabelecimentos na cidade para vendê-lo. Em pouco tempo havia desenvolvido melhor a receita e estava vendendo para todas as pizzarias e alguns restaurantes da região, garantindo o dinheiro extra de que eu precisava para me divertir e viajar nos fins de semana.

Com o final do curso, vendi os três fornos que tinha comprado para a produção e me mudei para Nova York, onde logo me tornei chef. Era hora de testar tudo o que havia aprendido e começar a desenvolver meu estilo próprio! Passei quatro anos lá, trabalhando em um restaurante italiano em Long Island. Depois resolvi mudar de ares e fui para a Europa, onde viajei por seis meses e estagiei no restaurante Ruccola, na Espanha, durante sessenta dias. Quando voltei ao Brasil, direto para o Rio de Janeiro, fui trabalhar com o mestre José Hugo Celidônio, no Clube Gourmet.

Desenvolvi amizade e admiração por ele, que era praticamente uma "bíblia gastronômica ambulante". Uma vez, em seu aniversário, fiz-lhe um pote de tomates secos de presente. Ele levou para casa e no dia seguinte me ligou: "Ronaldo, esses tomates são incríveis! Quero comprar para o restaurante." Eu não trabalhava mais com ele, mas comecei a fazer os tomates despretensiosamente em casa para fornecer a seu restaurante.

Um mês depois, eu estava em casa quando tocou o telefone. Era o sr. José Hugo, que estava com um amigo que havia gostado muito dos tomates e queria falar comigo. O tal amigo, então, pegou o telefone e me falou, com seu sotaque carregado: "*Adorrei* seus tomates! São uma *marravilha*! *Gostarria* de colocar no meu restaurante!" Era Claude Troisgros. Quando ele se identificou, fiquei mudo, trêmulo por alguns instantes, acreditando estar em uma "pegadinha"! No entanto, era real, e foi aí que passei a vender os tomates secos para mais um cliente, o que impulsionou minha decisão de iniciar um negócio.

Hoje, paralelamente a meu trabalho no restaurante Quadrucci, eu e meu sócio, Saulo Tostes, administramos essa produção. Processamos em torno de 3 mil quilos de tomate por mês e fornecemos para os todos os restaurantes do chef Claude Troisgros, para o Miam Miam, o Oui Oui, o Talho Capixaba, o Quadrucci, o Giuseppe Grill, o Clube Gourmet, a rede Balada Mix, o Zazá Bistrô Tropical, entre outros.

Voltando à minha atividade de chef, trabalhei também com Ricardo Amaral, no Mix Ipanema Brasserie & Lounge, e depois passei pelo Zazá Bistrô Tropical, pelo Nirvana Orgânico, pelo Boox, até chegar ao Quadrucci, onde estou até hoje. Foi neste último, aliás, que tive a primeira oportunidade de chefiar um restaurante de culinária italiana, cozinha de grande qualidade aliada à simplicidade, pela qual desenvolvi grande gosto – tanto que sinto como se quase ela "estivesse no meu sangue". Atuo com esse tema desde 2010 – e, percebi, ele é interminável!

Algum tempo atrás tive vontade de registrar, de algum modo, receitas interessantes, que, ao longo da minha vida profissional, desenvolvi nas cozinhas por onde passei. Por alguns motivos desisti, mas agora consegui, graças à Editora Senac Rio de Janeiro e a muito empenho.

tomate seco

Esse projeto, enfim, se tornou realidade na forma deste livro. Aqui conto um pouco da minha história e procuro mostrar um tanto do trajeto que me levou à profissão que conduz minha vida.

Percebi que escrever um livro é, mais que tudo, partilhar. Compartilhar dicas, fórmulas, experiências e resultados. Minha intenção, portanto, é mostrar receitas que, em sua maioria, podem ser executadas por iniciantes. Elas estão divididas em estações do ano, para valorizar o produto em seu momento mais exuberante – o que é hoje, para mim, o mais importante: a busca pelo melhor produto, em seu melhor estado. Isso significa que cada vez mais devemos adquirir insumos direto do produtor.

Assim, se existe algo importante que nós, cozinheiros, podemos fazer, é valorizar o essencial, que anda tão esquecido, mas está presente em nossa cadeia alimentar. Esse é o melhor caminho para a evolução da qualidade.

As fotos que belamente ilustram este livro foram feitas por Alexander Landau, em sua maioria, na fazenda do meu pai, no Vale do Paraíba, na cidade de São José do Barreiro, no interior de São Paulo. Trata-se de um local de grande importância em minha vida, pois é nela que passo férias e fins de semana desde muito pequeno. A escolha reforça a intenção de juntar aqui fatos importantes em minha formação e percurso. Do mesmo modo, as receitas que ora apresento foram feitas para: partilhar experiências, reunir pessoas, famílias e amigos, degustar, contar histórias e aproveitar tudo isso, que é o melhor que a cozinha pode proporcionar.

Salmão semicru

COM SUA PELE CROCANTE, MOLHO DE CEBOLA COM GENGIBRE E SHOYU E CHANTILI DE RAIZ-FORTE

RENDIMENTO: 4 PORÇÕES

INGREDIENTES

Para a pele crocante: Pele de salmão **Para o molho:** 60g de cebola fatiada em rodelas finas, 20g de gengibre ralado, 60ml de shoyu, 30ml de suco de laranja, 40ml de azeite **Para o chantili:** 15g de raiz-forte (wasabi) em pó, 300ml de creme de leite fresco, 1 pitada de sal **Para o salmão:** 1 lombo de salmão de 250g a 300g

Preparo

Pele crocante

Retire a pele do salmão e asse-a (com algum peso sobre ela para que fique esticada) a 100°C por 2 horas. Retire do forno, corte em triângulos e reserve.

Molho

Misture todos os ingredientes e deixe descansar por 2 horas.

Chantili

Misture o pó de raiz-forte ao creme de leite e bata com um batedor de arame até a textura de chantili. Tempere com sal e reserve.

Salmão

Doure os lados do salmão em uma frigideira antiaderente em fogo alto. O douramento deve ser rápido, para manter o centro cru.

Montagem

Sirva o salmão sobre o molho, com a pele crocante e o chantili ao lado.

Carpaccio de cherne

COM ASPARGOS, CROÛTONS, AZEITE DE CARVÃO E PESTO DE RÚCULA COM CÍTRICOS

RENDIMENTO: 4 PORÇÕES

INGREDIENTES

Para o carpaccio: 1kg de lombo de cherne em formato de bastão (não será usado exatamente 1kg na receita, mas menos que isso dificultaria o fatiamento) **Para os aspargos:** 4 aspargos verdes frescos **Para os croûtons:** 20g de pão italiano (sem casca) cortado em quadradinhos pequenos (brunoise), 20g de manteiga **Para o azeite de carvão:** 100ml de azeite extravirgem, 2 pedaços médios de carvão **Para o pesto:** 100ml de azeite extravirgem, 1 maço de folhas de rúcula lavadas e sem os talos, 15g de queijo parmesão ralado, 15g de nozes **Para a finalização:** 2 tomatinhos cortados em rodelas finas, brotinhos de rúcula e coentro, pétalas de flores da estação, gominhos de laranja e limão

Preparo

Carpaccio
Congele o lombo do cherne envolvido em plástico filme por 24 horas. Retire do freezer e deixe descansar por 20 minutos. Fatie em um cortador de frios, dispondo em um prato raso de 30cm de diâmetro de maneira que cubra todo o fundo.

Aspargos
Branqueie os aspargos em água fervente por 30 segundos e dê um choque térmico em água gelada imediatamente. Corte fatias do aspargo no sentido longitudinal em um fatiador. Reserve.

Croûtons
Envolva os quadradinhos de croûtons com a manteiga derretida e asse a 160°C por 10 a 15 minutos (até que fiquem dourados).

Azeite de carvão
Acenda um braseiro de carvão e, quando estiver bem quente, retire 2 brasas e coloque em um bowl de inox com azeite. Cubra com plástico filme e deixe até esfriar. Retire o carvão e reserve o azeite.

Pesto
Bata todos os ingredientes no liquidificador e reserve.

Montagem
Tempere o carpaccio com sal e pimenta-do-reino e espalhe um pouco do azeite de carvão. Disponha as fitas de aspargos, o pesto, os croûtons e finalize com os tomatinhos, os brotos, as flores e os gominhos de cítricos.

Lagosta

EM BAIXA TEMPERATURA COM GHEE DE ERVAS, PALMITO, ABÓBORA E ERVILHA

RENDIMENTO: 4 PORÇÕES

INGREDIENTES

Para a lagosta: 4 caudas de lagosta de aproximadamente 200g cada uma, sal e pimenta a gosto, 20ml de azeite, 1 saco de vácuo grande **Para a ghee de ervas:** 80g de ghee, 2 colheres (sopa) de ervas picadas (tomilho, manjericão, alecrim e cebolete) **Para os vegetais:** 320g de abóbora cortada em 8 quadrados, 20ml de azeite, sal e pimenta a gosto, 320g de palmito cortado em 8 pedaços, 20g de manteiga, 2 sacos de vácuo grandes **Para a ervilha:** 120g de ervilha fresca, 20g de manteiga, 40ml de água (ou caldo de frango), sal e pimenta a gosto

Preparo

Lagosta

Mergulhe as caudas (com as cascas) em água fervente por 30 segundos, retire e coloque em um balde com água e gelo, para que a carne se solte da casca. Com uma tesoura, corte a casca pela parte de baixo (mais fina) e retire a carne com cuidado para não a ferir. Coloque as caudas temperadas com sal e pimenta e um fio de azeite em um saco de vácuo. Leve ao termocirculador a 64°C por 28 minutos. Retire, dê um choque térmico em água gelada e reserve.

Ghee de ervas

Misture a ghee com as ervas e reserve.

Vegetais

Coloque as abóboras temperadas com azeite, sal e pimenta no saco de vácuo e cozinhe por 25 minutos a 85°C no termocirculador. Tempere os palmitos também com azeite, sal e pimenta, coloque em outro saco e asse na mesma temperatura por 30 minutos. Retire dos sacos e salteie em frigideira antiaderente com a manteiga.

Ervilha

Coloque todos os ingredientes na Thermomix®, bata por 3 minutos a 80°C e reserve.

Montagem

Aqueça a lagosta no saco de vácuo, retire e fatie. Disponha no prato com a abóbora, o palmito e um pouco do creme de ervilha. Regue com a ghee de ervas, decore com alguns brotinhos e sirva.

galinha-d'angola

EM DOIS COZIMENTOS, MOLHO COM ESPECIARIAS, ESPINAFRE E ARROZ DE AMÊNDOAS

(ACOMPANHA SALADINHA DE FLORES E BROTOS)

RENDIMENTO: 4 PORÇÕES

INGREDIENTES

Para a galinha: 4 coxas com sobrecoxas de galinha-d'angola, 1 saco de vácuo, 4 filés de peito de galinha-d'angola, sal e pimenta a gosto **Para o molho:** ossos e aparas das 2 galinhas que foram limpas para a receita, 300g de cebola picada, 150g de aipo picado, 150g de cenoura picada, 10g de especiarias moídas (cravo, canela, anis, cardamomo, pimenta-do-reino, mostarda, coentro, louro, cominho), 1 buquê de ervas **Para o espinafre:** 1 molho de espinafre limpo (somente as folhas sem os talos), 1 fio de azeite **Para o arroz de amêndoas:** 10g de cebola picada, 1 fio de azeite, 240g de arroz basmati, 40g de amêndoas laminadas assadas **Para a saladinha:** 2 xícaras (chá) de flores comestíveis (capucine [capuchinha], hibisco, cravina, amor-perfeito etc.), 2 xícaras (chá) de brotos (de agrião, beterraba rúcula, trevo etc.), 10ml de azeite, 5ml de vinagre, sal e pimenta a gosto

Preparo

Galinha

Desosse as coxas, retire a pele e tempere a carne com sal e pimenta. Enrole as 4 peças juntas em um plástico filme, em formato cilíndrico. Coloque em um saco de vácuo e leve ao termocirculador por 12 horas a 64°C. Retire, dê um choque térmico em água gelada, tire do saco e corte em 4 medalhões. Grelhe em uma frigideira e reserve. Grelhe os peitos, tempere com sal e pimenta e reserve.

Molho

Em uma panela, doure os ossos. Acrescente os vegetais e refogue mais um pouco. Cubra com água fria, coloque as especiarias e cozinhe por 4 horas. Adicione o buquê de ervas e cozinhe mais 30 minutos. Coe, descarte os sólidos e leve o caldo a uma panela, reduzindo a ponto de glace. Reserve.

Espinafre

Salteie o espinafre em uma frigideira com um fio de azeite, tempere e reserve.

Arroz de amêndoas

Refogue a cebola no azeite, acrescente o arroz basmati, cubra com água e cozinhe. Quando estiver cozido, acrescente as amêndoas. Reserve.

Saladinha

Tempere as flores e os brotos com azeite, vinagre, sal e pimenta e reserve.

Montagem

Em um prato fundo, coloque o medalhão da coxa, o espinafre e o peito em cima. Regue com o molho. Sirva com o arroz ao lado e decore o prato com a saladinha.

Paleta de cordeiro

ASSADA COM SEU GLACE, BATATA CALABRESA COM VEGETAIS E FAROFA CROCANTE

RENDIMENTO: 4 PORÇÕES

INGREDIENTES

Para a paleta: 1 paleta de cordeiro com aproximadamente 1,8kg, sal e pimenta a gosto, 6 dentes de alho amassados, 1 copo de vinho branco, 1 copo de água, 4 ramos de alecrim desfolhados, 30ml de azeite, 1 folha de papel-alumínio de 60cm × 40cm, 100g de cebola picada, 100g de cenoura picada, 100g de aipo picado, 15ml de azeite (para untar a assadeira), 300ml de caldo de frango **Para a batata:** 400g de batata calabresa, 8 aspargos cortados em bastões de 4cm a 5cm, 8 tomates garrafinhas, 8 cebolas calabresas, 8 minicenouras, 8 cogumelos-de-paris, 2 ramos de tomilho fresco, 2 ramos de alecrim fresco, 20ml de azeite, sal e pimenta a gosto **Para a farofa:** 30g de manteiga, 30g de cebola picada em pedaços pequenos, 100g de farinha panko, sal e pimenta a gosto

Preparo

Paleta

Coloque a paleta em uma assadeira grande, tempere com sal e pimenta a gosto. Acrescente o alho, o vinho branco, a água, o alecrim e o azeite, cubra com o papel-alumínio e descanse em geladeira, para marinar, por 24 horas (virando a paleta de lado de 6 em 6 horas). Retire da geladeira e descarte a marinada toda. Coloque o azeite e depois a cebola, a cenoura e o aipo picados no fundo da assadeira. Disponha a paleta por cima, cubra novamente com o papel-alumínio e asse por 5 horas a 130°C. Retire a paleta, deglace o fundo da assadeira com o caldo de frango e leve este caldo com os vegetais a uma panela. Reduza até que fique espesso e reserve.

Batata

Cozinhe a batata calabresa em água e sal cortada ao meio. Escorra e reserve. Branqueie os aspargos em água fervente com sal e reserve. Corte os tomates garrafinhas ao meio e reserve. Descasque as cebolas e cozinhe al dente. À parte, faça o mesmo com as minicenouras. Corte os cogumelos ao meio. Aqueça uma frigideira antiaderente, coloque todos os vegetais com as ervas e o azeite. Salteie até aquecer, tempere com sal e pimenta e reserve.

Farofa

Derreta a manteiga em uma panela, doure a cebola e acrescente a farinha panko. Continue mexendo em fogo baixo por alguns minutos para que fique sequinha e crocante. Tempere com sal e pimenta e reserve.

Montagem

Pincele o glace na paleta e sirva com os vegetais e a farofa.

Miniperas

AO VINHO DO PORTO, BAUNILHA E CANELA E CREME DE MASCARPONE COM LIMÃO E AMÊNDOAS TOSTADAS

RENDIMENTO: 4 PORÇÕES

INGREDIENTES

Para as miniperas: 8 miniperas, 1 litro de vinho do Porto, 1 pau de canela, 1 fava de baunilha **Para o creme de mascarpone:** 2 gemas, 30g de açúcar, 100ml creme de leite fresco, 200g de mascarpone, 25ml de amareto, 2 claras, 80g de açúcar de confeiteiro **Para as amêndoas:** 50g de amêndoas em lascas **Para o limão:** 2 limões

Preparo

Miniperas
Descasque as miniperas e coloque-as em um recipiente. Cubra-as com o vinho e acrescente o pau de canela e a baunilha. Deixe descansar por 12 horas. Retire-as do recipiente e leve o vinho a uma panela, aquecendo até ferver. Em seguida, adicione as miniperas e cozinhe-as por 5 minutos em fogo baixo. Deixe esfriar.

Creme de mascarpone
Mexa bastante as gemas com o açúcar até que a mistura fique bem cremosa. Bata separadamente o creme de leite até ficar em ponto de chantili. Bata o mascarpone com o amareto, e, à parte, as claras com o açúcar de confeiteiro até formar picos. Misture tudo delicadamente e reserve.

Amêndoas
Asse as lascas de amêndoas a 150°C, por 15 a 20 minutos.

Limão
Tire as raspas dos limões e reserve.

Montagem
Disponha o creme em cada prato com 2 miniperas e espalhe as amêndoas por cima. Salpique as raspas de limão e sirva.

Abacaxi caramelizado

COM MANJAR DE GENGIBRE, CALDA DE MARACUJÁ E TOUILLE DE AMÊNDOAS

RENDIMENTO: 8 PORÇÕES

INGREDIENTES

Para o abacaxi: 40g de manteiga, 60g de açúcar, 570g de abacaxi cortado em cubos de 2cm × 2cm, aproximadamente **Para o manjar:** 20g de gengibre ralado, 350ml de leite, 100g de açúcar, 12g de gelatina em pó, 20ml de água morna, 4 gemas, 350ml de creme de leite **Para a calda:** 150g de açúcar, 150ml de água, 150g de polpa de maracujá sem sementes **Para a touille:** 200g de amêndoas picadas, 200g de açúcar de confeiteiro, 30g de farinha de trigo, 160g de manteiga derretida, 40ml de água, raspas de 2 laranjas

Preparo

Abacaxi
Leve a manteiga e o açúcar ao fogo em uma frigideira até derreter. Acrescente o abacaxi cortado em cubos e, em fogo alto, deixe-o dourar. Reserve.

Manjar
Leve o gengibre com o leite e metade do açúcar ao fogo até ferver. Retire do fogo, tampe e reserve. Amoleça a gelatina na água por alguns minutos e, em seguida, adicione à mistura de gengibre, mexa e reserve.
À parte, bata as gemas com o restante do açúcar até que fique cremoso e esbranquiçado. Acrescente o creme de leite batido em chantili. Junte à mistura de gengibre com cuidado. Pegue 8 fôrmas retangulares (8cm × 5cm × 3cm), coloque o abacaxi caramelizado no fundo e cubra com a mistura de gengibre com chantili. Reserve na geladeira.

Calda
Leve ao fogo a água com o açúcar até que este derreta e desapareça. Bata a polpa de maracujá no liquidificador na função "pulse" algumas vezes para soltar a pele das sementes. Leve o suco obtido à panela com a água e o açúcar e cozinhe em fogo baixo até adquirir textura de calda. Reserve.

Touille
Misture as amêndoas, o açúcar de confeiteiro e a farinha de trigo em um bowl. Acrescente a manteiga, a água e as raspas de laranja. Mexa e deixe descansar por 1 hora. Espalhe a massa na assadeira e a divida em 8 círculos. Leve ao forno preaquecido a 170°C e asse por 10 minutos ou até que as massas fiquem douradas.

Montagem
Despeje a calda de maracujá no fundo do prato e desenforme o manjar sobre ela. Sirva com a touille de amêndoas.

verão

Manga com queijo de cabra brûlé,
SALADA DE FOLHAS AO VINAGRETE DE MEL DE ENGENHO E TELHA DE PECORINO

RENDIMENTO: 4 PORÇÕES

INGREDIENTES

Para a manga: 4 fatias de manga de 1cm de espessura cortada no sentido longitudinal, rente ao caroço, 80g de queijo de cabra tipo boursin, 20g de açúcar **Para a salada:** 1 xícara de folhas de alface baby, 1 xícara de folhas de alface roxa baby, 1 xícara de folhas de couve mizuna, 1 xícara de brotos variados (de beterraba, agrião, rúcula etc.), 8 minicenouras, 12 tomates garrafinhas fatiados, 2 rabanetes fatiados **Para o vinagrete:** 40ml de azeite, 20ml de mel de engenho (melado de cana), 10g de mostarda de Dijon, 10ml de vinagre branco, sal e pimenta a gosto **Para a telha de pecorino:** 80g de queijo pecorino ralado

Preparo

Manga
Com um aro quadrado de cerca de 3cm × 3cm, corte um pedaço da fatia de manga e, mantendo-o no aro, cubra-o com queijo boursin dobrando a altura da manga. Cuidadosamente, com o auxílio de uma colher pequena, empurre a manga com o queijo para fora do aro, de maneira que a fruta fique coberta pelo queijo uniformemente. Faça 8 quadrados como esse. Polvilhe açúcar por cima do queijo e caramelize-o com um maçarico. Reserve.

Salada
Lave as folhas e os brotos, pré-cozinhe-os e os reserve junto com as minicenouras cozidas ao ponto al dente, os tomatinhos e o rabanete fatiados.

Vinagrete
Misture os ingredientes e reserve.

Telha de pecorino
Em uma frigideira antiaderente, faça discos de 7cm de diâmetro com o queijo pecorino ralado e deixe secar em fogo baixo até que fiquem crocantes.

Montagem
Em um prato, disponha 2 quadrados de manga com queijo e espalhe a salada temperada com o vinagrete. Decore com as telhas de pecorino.

Vieiras grelhadas,
COM ABOBRINHA E AIPO

RENDIMENTO: 4 PORÇÕES

INGREDIENTES

Para as vieiras: 12 vieiras **Para a abobrinha:** 12 fatias de abobrinha com 0,5cm de espessura, cortadas no sentido longitudinal, sal e pimenta-do-reino a gosto, 100ml de azeite, suco e raspas de ½ limão-siciliano, 2 raminhos de tomilho **Para o azeite de aipo:** todas as folhas de 1 molho de aipo grande, 1 molho de folhas de manjericão, 150ml de azeite **Para a maionese de aipo:** 1 gema, gotas de limão, 100ml do azeite de aipo, sal a gosto **Para a palha de batata-doce:** 1 batata-doce passada no fatiador de palha

---

Preparo

Vieiras
Grelhe as vieiras.

Abobrinha
Tempere as fatias de abobrinha com sal e pimenta-do-reino. Grelhe todas e enrole 8 como se fossem uma só fatia, mantendo 4 delas inteiras. Marine todas as fatias no azeite com o suco e as raspas do limão e as folhas de tomilho. Reserve.

Azeite de aipo
Branqueie as folhas de aipo e de manjericão em água fervente e dê um choque em água gelada. Retire da água, esprema bem para tirar a água das folhas e leve ao liquidificador com o azeite. Bata por 10 minutos e coe em pano tipo Perfex®. Reserve.

Maionese de aipo
No liquidificador, coloque a gema com as gotas de limão, bata e vá acrescentando o azeite de aipo lentamente até o ponto de maionese. Tempere com sal e reserve.

Palha de batata-doce
Frite a batata em óleo a 110°C até que fique dourada.

Montagem
Disponha a fatia de abobrinha no prato. Coloque as vieiras grelhadas sobre a abobrinha e distribua os demais ingredientes decorando o prato.

Salmão defumado,
VINAGRETE DE SHIITAKE COM MACADÂMIA E GUACAMOLE

RENDIMENTO: 4 PORÇÕES

INGREDIENTES

Para o salmão: 180g de salmão defumado cortado em fatias de 15g cada uma **Para o vinagrete:** 100ml de azeite, 200g de shiitake fatiado, 60g de macadâmias cortadas ao meio, sal e pimenta a gosto **Para o guacamole:** 200g de abacate, 1g de açúcar, 1g de alho, 10ml de azeite de cozinha, 10g de cebola, ⅕ do molho de coentro, 10g de pimentão verde, 10ml de suco de limão, sal e pimenta a gosto

Preparo

Salmão
Corte o salmão em 12 fatias de aproximadamente 15 g cada uma e reserve.

Vinagrete
Aqueça o azeite em uma panela e refogue o shiitake e a macadâmia por alguns minutos. Tempere com sal e pimenta e reserve.

Guacamole
Bata todos os ingredientes no liquidificador até que fique homogêneo. Tempere com sal e pimenta e reserve.

Montagem
Disponha o guacamole no fundo do prato. Coloque sobre ele 3 fatias de salmão enroladas e cubra com o vinagrete. Sirva imediatamente.

Terrine de foie gras
COM FIGO E SALADINHA DE BROTOS

RENDIMENTO: 4 PORÇÕES

INGREDIENTES

Para as terrines: 1 peça de foie gras de 250g, 2 colheres (sopa) de vinho do Porto, 1kg de sal grosso, 60g de geleia de figo **Para a saladinha:** ⅓ de xícara (chá) de folhas de broto de beterraba, ⅓ de xícara (chá) de folhas de broto de agrião, ⅓ de xícara (chá) de folhas de broto de rúcula, ⅓ de xícara (chá) de folhas de broto de alface, ⅓ de xícara (chá) de folhas de broto de alface roxa, ⅓ de xícara (chá) de folhas de almeirão, 40ml de azeite extravirgem, 10ml de vinagre, sal e pimenta-do-reino a gosto **Para a finalização:** 2 figos fatiados, 10g de açúcar, 80g de castanha-de-caju picada

Preparo

Terrines
Embrulhe o foie gras em um pano de algodão virgem e umedeça no vinho do Porto. Envolva completamente o foie gras no sal grosso e deixe em geladeira por 48 horas. Remova da geladeira, tire do sal, retire o pano e corte a peça em fatias de 0,5cm de espessura. Em uma fôrma quadrada de cerca de 6cm², coloque uma camada de foie gras, uma de geleia de figo e cubra com outra de foie gras. Leve-as novamente à geladeira e deixe-as por algumas horas até que fiquem firmes.

Saladinha
Lave as folhas, misture aos temperos e sirva.

Montagem
Desenforme as terrines, cubra cada uma com fatias de figo, coloque um pouco do açúcar em cima do figo de cada uma delas e queime levemente com o maçarico. Envolva os lados com a castanha-de-caju picada. Tempere a salada e sirva imediatamente.

Camarão VG,
RAGU DE TOMATE COM CHOURIÇO ESPANHOL E PURÊ DE MAÇÃ

RENDIMENTO: 4 PORÇÕES

INGREDIENTES

Para o camarão: 16 camarões VG limpos **Para o ragu:** 500g de tomate débora, 5g de alho ralado, 15ml de azeite, 40g de chouriço espanhol picado em cubinhos, 70g de tomate seco amassado em purê **Para o purê:** 1kg de maçã gala nacional, 1 limão taiti, 40g de manteiga, 50g de açúcar, 1 pau de canela, sal a gosto

Preparo

Camarão
Grelhe os camarões.

Ragu
Tire a pele e as sementes dos tomates e pique em cubos médios. Doure o alho no azeite, acrescente os tomates picados, o chouriço e os tomates secos. Refogue em fogo baixo até adquirir consistência de purê. Desligue o fogo, tempere e reserve.

Purê
Descasque a maçã, pique em cubos pequenos e coloque em um bowl com água e o limão espremido. Em uma panela, derreta a manteiga com o açúcar e o pau de canela. Adicione a maçã e deixe cozinhar em fogo bem baixo até que se desmanche completamente, formando um purê. Reserve.

Montagem

No prato, sirva o purê, coloque uma porção de ragu ao lado e acomode próximo os camarões grelhados.

Ribeye steak de Angus full blood

AO DEMI-GLACE DE RABADA COM BATATA-DOCE GRATINADA COM QUEIJO AZUL, ÉCHALOTES AO BALSÂMICO E ASPARGOS

RENDIMENTO: 4 PORÇÕES

INGREDIENTES

Para o ribeye steak: 4 steaks de 300g de ribeye (parte dianteira do contrafilé), sal e pimenta a gosto **Para os aspargos:** 12 aspargos frescos, sal **Para o demi-glace de rabada:** 30ml de azeite, 1kg de rabada, 300g de cebola picada, 100g de cenoura picada, 100g de aipo picado, 100g de alho-poró picado, 1 buquê de ervas (manjericão, tomilho, alecrim e louro) **Para a batata-doce:** 1kg de batata-doce em lâminas finas cortadas em um fatiador, ½ litro de creme de leite fresco, 3 ovos, sal e pimenta a gosto, 300g de queijo azul (tipo gorgonzola) **Para as échalotes:** 200g de échalotes ou ceboletas descascadas, 50ml de vinagre balsâmico, 50ml de melado de cana, 50ml de creme de leite fresco, sal e pimenta a gosto

Preparo

Ribeye steak
Tempere os 4 steaks com sal e pimenta e reserve.

Aspargos
Cozinhe os aspargos em água fervente com sal até o ponto al dente. Retire-os quentes da panela para dar um choque térmico em água gelada e reserve.

Demi-glace de rabada
Em uma panela com o azeite, doure a rabada. Acrescente todos os vegetais, cubra com água fria e cozinhe em fogo lento por 8 horas. Coe, descarte os sólidos e leve o caldo ao fogo com o buquê de ervas. Reduza até textura de glace.

Batata-doce
Em uma fôrma de assar (de cerca de 25cm × 10cm), disponha uma camada de batata-doce fatiada. Bata o creme de leite com os ovos, tempere com sal e pimenta e descarte um pouco em cima da batata. Espalhe um pouco do queijo e vá montando camadas até completar a fôrma. Cubra com papel-alumínio e leve ao forno (160°C) por 2 horas. Retire o papel e volte ao forno até dourar. Corte e reserve.

Échalotes (ceboletas)
Coloque todos os ingredientes em uma panela pequena e deixe cozinhar por 10 minutos (até que as ceboletas fiquem macias, porém firmes). Retire-as e reduza até ficar espesso. Volte as ceboletas à panela e, em seguida, sirva.

Montagem
Grelhe os steaks ao ponto, coloque cada um em um prato com a batata-doce gratinada, as ceboletas e os aspargos. Regue com o demi--glace de rabada e sirva.

Verrine de cheesecake
DE MASCARPONE COM FRUTAS VERMELHAS E BISCOITO DE AMÊNDOAS

RENDIMENTO: 4 PORÇÕES

INGREDIENTES

Para a base: 350g de mascarpone, 15ml de amareto, 3 gemas, 70g de açúcar, 3 claras, 120g de glaçúcar, 150ml de creme de leite fresco **Para a calda:** 70g de açúcar, 70ml de água, 80g de framboesas, 80g de blueberries, 80g de morangos **Para a finalização:** 80g de biscoitos de amêndoas quebrados

Dica: os biscoitos de amêndoas podem ser substituídos por biscoitos de maisena.

Preparo

Base
Bata o mascarpone com o amareto e reserve. Faça o mesmo com as gemas e o açúcar até que fique bem cremoso. Em seguida, bata as claras com o glaçúcar até formar picos, e, em separado, o creme de leite até o ponto de chantili. Misture tudo delicadamente e reserve na geladeira.

Calda
Coloque o açúcar com a água na panela em fogo baixo até começar a dourar. Acrescente as frutas (mas reserve algumas para decorar) e cubra com papel-alumínio. Deixe cozinhar por 15 minutos, bata tudo no liquidificador e leve para esfriar.

Montagem
Em um copo baixo de boca larga, coloque os biscoitos quebrados no fundo, disponha a o creme da base por cima, cubra com a calda e decore com as frutas. Sirva imediatamente.

Ostras crocantes

COM AÏOLI DE ANCHOVA E OSTRAS CRUAS COM TARTARE DE TOMATE

RENDIMENTO: 4 PORÇÕES

INGREDIENTES

Para as ostras crocantes: 12 ostras, 200g de farinha de trigo, 2 ovos, 100g de farinha panko **Para o aïoli de anchova:** 1 ovo, ½ dente de alho, 60ml de óleo vegetal, 15g de anchovas salgadas **Para as ostras cruas:** 12 ostras, 1 limão-siciliano fatiado **Para o tartare de tomate:** 1 tomate débora maduro sem pele e sem sementes, 5 folhas de manjericão bem picadas, sal e pimenta a gosto **Para a montagem:** sal grosso, limão

Preparo

Ostras crocantes
Abra as ostras e empane na farinha de trigo, depois nos ovos batidos e, finalmente, na farinha panko. Reserve.

Aïoli de anchova
Coloque o ovo e o alho no liquidificador e ligue-o, derramando o óleo em fio e devagar. No final, acrescente as anchovas e deixe bater para misturar bem. Reserve.

Ostras cruas
Abra as ostras e as mantenha na concha (sem a tampa), com sua água.

Tartare de tomate
Pique o tomate em pedaços pequenos até virar uma pasta. Misture o manjericão, tempere com sal e pimenta e reserve.

Montagem
Após fritar as ostras empanadas em óleo quente, em um prato com sal grosso, coloque 3 ostras fritas com aïoli de anchovas e 3 ostras cruas com o tartare de tomate. Sirva com o limão fatiado ao lado.

Tartare de frutos do mar
COM BANANA E VINAGRETE DE BALSÂMICO E TANGERINA

RENDIMENTO: 4 PORÇÕES

INGREDIENTES

Para o tartare: 8 fatias de banana-da-terra de 1cm de espessura, 1 banana-prata verde, 200g de camarões pequenos limpos, 120g de anéis de lulas, 20ml de azeite, 80g de tentáculos de polvo cozido, 40g de maionese, ¼ de molho de coentro, suco de ½ limão-siciliano, raspas de ½ limão--siciliano, sal e pimenta a gosto **Para o vinagrete:** 50ml de vinagre balsâmico, 100ml de suco de tangerina, 50g de abacaxi, 20g de açúcar mascavo, sal a gosto, 80ml de azeite

Preparo

Tartare
Asse as fatias de banana-da-terra sobre um tapete de borracha do tipo Silpat® em forno a 160°C, por 15 minutos, e reserve. Retire a casca da banana-prata verde e faça 8 fatias bem finas, com o auxílio de um fatiador. Frite em óleo e reserve. Cozinhe os camarões no vapor e pique em quadradinhos pequenos. Salteie as lulas em frigideira antiaderente com o azeite e corte em quadradinhos pequenos. Pique o polvo cozido. Misture o camarão, as lulas e o polvo com a maionese e o limão. Tempere com sal e pimenta.

Vinagrete
Coloque todos os ingredientes – menos o sal e o azeite – em uma panela, cozinhe por 10 minutos em fogo médio e deixe esfriar. Bata no liquidificador, coe, acerte o sal, acrescente o azeite e reserve.

Montagem
Distribua o vinagrete nos pratos. Coloque 2 fatias de banana-da-terra no fundo do prato e 1 colher (sopa) de tartare em cima de cada uma delas. Ao servir, decore cada prato com 2 chips.

Berinjela grelhada

COM AÏOLI DE PÁPRICA, AÏOLI DE CÍTRICOS, PÓ DE PARMA E AZEITE DE ERVAS

RENDIMENTO: 4 PORÇÕES

INGREDIENTES

Para a berinjela: 10ml de azeite, 1 berinjela cortada em 4 fatias no sentido longitudinal, sal e pimenta a gosto **Para o aïoli de páprica:** 1 ovo, ½ dente de alho pequeno, 10ml de suco de limão, 100ml de óleo vegetal, 5g de páprica picante, sal e pimenta a gosto **Para o aïoli de cítricos:** 1 ovo, ½ dente de alho pequeno, 10ml de suco de limão-siciliano, 100ml de óleo vegetal, 5g de raspas de limão-siciliano e limão taiti, 2g de açafrão em pó, sal a gosto **Para o pó de parma:** 30g de parma fatiado fino **Para o azeite de ervas:** ½ molho de manjericão, ½ molho de salsinha lisa, ½ molho de tomilho, 2 ramos de alecrim, 120ml de azeite

Preparo

Berinjela
Grelhe no azeite as fatias de berinjela temperadas com sal e pimenta até que fiquem douradas e macias. Reserve.

Aïoli de páprica
No liquidificador, coloque o ovo, o alho e o suco de limão e bata um pouco. Vá acrescentando o óleo devagar até virar maionese (aïoli). Acrescente a páprica, tempere com sal e pimenta e reserve.

Aïoli de cítricos
No liquidificador, coloque o ovo, o alho e o suco de limão e bata um pouco. Vá acrescentando o óleo devagar até virar maionese (aïoli). Adicione as raspas de limão, o açafrão, tempere com sal e reserve.

Pó de parma
Coloque em um prato as fatias de parma intercaladas com guardanapos, entremeando assim todo o parma. Leve-as ao micro-ondas em potência média por 3 minutos. (Se não estiverem desidratadas, deixe mais 1 minuto.) Triture no liquidificador. Reserve.

Azeite de ervas
Branqueie as ervas em água fervente e dê um choque térmico em água com gelo imediatamente. Tire as folhas dos talos e bata no liquidificador com o azeite por 5 minutos. Coe em pano tipo Perfex® e reserve.

Montagem
Disponha a berinjela no prato, sirva com os aïolis, salpique o pó de parma, regue com o azeite de ervas e sirva.

Polvo grelhado

AO PESTO DE PISTACHE COM NHOQUE DE AZEITONAS PRETAS, TOMATINHOS E MANJERICÃO

RENDIMENTO: 4 PORÇÕES

INGREDIENTES

Para o polvo: 1,6kg de tentáculos de polvo **Para o pesto:** 1 molho de manjericão pequeno, ½ molho de salsa lisa, 240ml de azeite, 40g de queijo grana padano, 20g de pistache iraniano sem casca **Para o nhoque:** 150g de azeitonas pretas sem caroço, 5g de tinta de lula, 500g de batata-inglesa descascada, cozida e amassada, 10g de manteiga sem sal, 100g de farinha de trigo, 15ml de azeite extravirgem, 5g de alho ralado, 100g de tomates garrafinhas sem pele, sal e pimenta a gosto, ⅓ de molho de manjericão desfolhado

Preparo

Polvo
Cozinhe o polvo em água a 95°C, por 1 hora e 25 minutos. Escorra e reserve.

Pesto
Branqueie o manjericão e a salsa em água fervente e dê um choque térmico em água gelada. Esprema para retirar toda a água e bata no liquidificador com os demais ingredientes. Reserve.

Nhoque
Leve as azeitonas ao forno a 100°C por 2 horas e 30 minutos. Em seguida, passe-as em um processador com a tinta de lula. Misture com as batatas amassadas e leve à panela, em fogo médio. Mexa, acrescente a manteiga e vá adicionando a farinha até dar ponto. Enrole a massa, corte-a em formato de nhoque, cozinhe em água fervente e reserve. Em uma frigideira antiaderente, aqueça o azeite, doure o alho ralado, acrescente o nhoque, os tomatinhos, o sal, a pimenta e as folhas de manjericão.

Montagem
Tempere o polvo com sal e pimenta a gosto e doure em azeite quente até ficar tostado. Pincele o fundo do prato com o pesto para servir o nhoque com o polvo em cima.

Atum semicru

EM CROSTA DE ATUM DEFUMADO, ARROZ NEGRO COM *BASILICO* E TOMATE E VINAGRETE DE IOGURTE COM LIMÃO

RENDIMENTO: 4 PORÇÕES

INGREDIENTES

Para o atum: 4 porções de atum de 200g cada uma, 40g de farinha panko, 20g de atum defumado em pó, sal e pimenta a gosto, 20ml de azeite **Para o arroz negro:** 20ml de azeite, 240g de arroz negro, 20g de cebola picada, ¼ de molho de folhas de *basilico* picadas, 80g de tomates cortados em cubos pequenos, sem pele e sem sementes, 20g de cebolinha verde fatiada com a parte branca, sal e pimenta a gosto **Para o vinagrete:** 60ml de iogurte natural (sem açúcar), 15ml de azeite extravirgem, 5ml de suco de limão-siciliano, 5g de raspas de limão-siciliano, sal e pimenta a gosto *Dica: as folhas de* basilico *podem ser substituídas por folhas de manjericão.*

Preparo

Atum
Empane o atum na farinha panko misturada com o atum defumado em pó. Tempere com sal e pimenta e salteie rapidamente em uma frigideira antiaderente com um fio de azeite. Cuide para que o atum fique bem cru por dentro.

Arroz negro
Em uma panela com azeite, refogue o arroz e a cebola. Cubra com água e cozinhe até ficar macio. Solte o arroz com o garfo e misture o *basilico*, o tomate e a cebolinha. Tempere com sal e pimenta e reserve.

Vinagrete
Misture todos os ingredientes e reserve.

Montagem
No meio do prato, monte o arroz moldando-o com um aro. Sirva o atum fatiado por cima, o vinagrete ao lado e decore com azeite de ervas.

Duo de cordeiro

(COMPRESSÉ E COSTELETA) EM SEU GLACE COM COGUMELOS E MINICENOURAS

RENDIMENTO: 4 PORÇÕES

INGREDIENTES

Para a paleta: 30ml de azeite, 1 paleta de cordeiro pequena (1kg mais ou menos), 200g de cebola, 100g de cenoura, 100g de aipo **Para o creme de cogumelos:** 1 ramo de alecrim, 1 ramo de tomilho, 1 ramo de manjericão, 200g de cogumelos-de-paris fatiados, 20ml de azeite, 400ml de creme de leite fresco, sal e pimenta a gosto, 30g de farinha panko **Para os cogumelos e as minicenouras:** 8 cogumelos-de-paris cortados ao meio, 12 minicenouras pré-cozidas al dente, 20ml de azeite, sal e pimenta a gosto **Para as costeletas:** 8 costeletas de cordeiro, sal e pimenta a gosto

Preparo

Paleta

Em uma panela com um fio de azeite, doure bem a paleta. Acrescente a cebola, a cenoura e o aipo cortados grosseiramente e cubra com água fria. Cozinhe por 2 horas e 30 minutos em fervura branda. Escorra a paleta, reserve o caldo. Retire toda a carne da paleta e desfie, eliminando todas as gorduras e cartilagens. Reserve a carne desfiada.

Creme de cogumelos

Coloque em uma panela o caldo reservado da paleta mais as ervas e deixe reduzir até textura de glacê e reserve. Em outra panela, refogue os cogumelos fatiados em azeite. Acrescente o creme de leite, tempere com sal e pimenta, deixe reduzir até ficar bem espesso e reserve. Para fazer o compressé: em um aro de metal de 7cm de diâmetro, coloque 70g da carne de paleta desfiada no fundo e comprima. Por cima, coloque um pouco do creme mais os cogumelos e salpique farinha panko. Leve ao forno a 170°C por 10 a 12 minutos (até dourar um pouco a farinha).

Cogumelos e minicenouras

Passe os cogumelos e as minicenouras em uma frigideira untada com azeite, tempere com sal e pimenta e reserve.

Costeletas

Doure ao ponto as costeletas temperadas com sal e pimenta e reserve.

Montagem

Retire o compressé do aro e sirva com as costeletas, os cogumelos e as minicenouras. Regue com o glace.

Costela de 12 horas

COM FAROFA DE FARINHA-D'ÁGUA, BAROA ASSADA E ASPARGOS

RENDIMENTO: 4 PORÇÕES

INGREDIENTES

Para a costela: 1,2kg de costela bovina cortada em 4 pedaços com osso, sal e pimenta a gosto, 120ml de demi-glace de carne **Para a farofa:** 20g de manteiga, 40g de cebola picada, 160g de farinha-d'água amarela, sal e pimenta a gosto **Para a batata-baroa:** 4 unidades de 60g cada uma, sal e pimenta a gosto **Para os aspargos:** 8 aspargos, sal e pimenta a gosto, 10ml de azeite

Preparo

Costela
Coloque os pedaços de costela temperados com sal e pimenta em uma assadeira com o demi-glace e coberta com papel-alumínio. Asse por 12 horas a 100°C. Retire e reserve.

Farofa
Derreta a manteiga em uma panela, doure a cebola e acrescente a farinha. Mantenha em fogo baixo por mais alguns instantes, tempere com sal e pimenta e reserve.

Batata-baroa
Lave as batatas e envolva-as em papel-alumínio temperadas com sal e pimenta. Asse-as a 160°C por 35 minutos. Retire-as e grelhe-as em um fio de azeite.

Aspargos
Cozinhe os aspargos em água fervente com sal por 1 minuto. Dê um choque térmico em água gelada e reserve-os. Passe-os em frigideira quente com o azeite na hora de servir o prato.

Montagem
Disponha a costela no prato e regue com o molho. Sirva com a farofa, as baroas cortadas ao meio e os aspargos.

Sopa bicolor
DE CARÁ E DE ERVILHA E AZEITE DE AIPO E HORTELÃ

RENDIMENTO: 4 PORÇÕES

INGREDIENTES

Para a sopa de cará: 20g de manteiga, 30g de cebola picada, 200g de cará descascado e cortado em cubos, 300ml de leite, 200ml de leite de coco, sal e pimenta a gosto **Para a sopa de ervilha:** 20g de manteiga, 30g de cebola picada, 20g de bacon em cubinhos, 350g de ervilha, 400ml de caldo de frango, sal e pimenta a gosto **Para o azeite de aipo e hortelã:** todas as folhas de 1 molho de aipo, todas as folhas de 1 molho de hortelã, 150ml de azeite

Preparo

Sopa de cará
Aqueça a manteiga em uma panela, doure a cebola, acrescente o cará, o leite e o leite de coco. Leve à fervura e cozinhe até ficar macio. Bata no liquidificador e tempere com sal e pimenta. Reserve.

Sopa de ervilha
Aqueça a manteiga em uma panela, doure a cebola e o bacon, acrescente a ervilha e o caldo de frango e cozinhe até a ervilha ficar macia. Bata no liquidificador e tempere com sal e pimenta. Reserve.

Azeite de aipo e hortelã
Branqueie as folhas de aipo e hortelã em água fervente e dê um choque térmico em água gelada. Esprema as folhas para que fiquem secas e bata-as com o azeite no liquidificador por 5 minutos. Coe em pano tipo Perfex® e reserve.

Montagem
Despeje as duas sopas ao mesmo tempo no prato para que fiquem divididas. É importante que estejam na mesma textura para não se misturarem. Regue com o azeite de aipo e hortelã e sirva.

Ovos moles

COM POLENTA BRANCA, FAROFA DE FARINHA-D'ÁGUA E CALDO DE PORCO

RENDIMENTO: 4 PORÇÕES

INGREDIENTES

Para os ovos: 4 ovos caipiras, 100g de farinha de trigo, 1 ovo de granja, 100g de farinha panko **Para a polenta:** 300ml de leite integral, 100g de polenta branca, sal e pimenta a gosto, 20g de manteiga **Para a farofa:** 20g de manteiga, 10g de cebola picada, 100g de farinha-d'água, sal e pimenta a gosto **Para o caldo:** 1kg de cabeça de porco, 300g de cebola cortada em pedaços grandes, 150g de cenoura cortada grosseiramente, 150g de aipo, 1 buquê de ervas (manjericão, tomilho e alecrim), sal e pimenta a gosto

Preparo

Ovos moles

Coloque os ovos caipiras para cozinhar em água fervente por 4 minutos, retire e coloque imediatamente em um balde de água com gelo. Retire as cascas com cuidado para que não quebrem. Empane-os primeiro na farinha de trigo, depois, no ovo de granja batido e, para finalizar, na farinha panko. Frite-os em óleo a 130°C.

Polenta

Aqueça o leite em uma panela. Despeje a polenta devagar, mexendo com um batedor de arame, até adquirir consistência cremosa. Desligue o fogo, tempere com sal e pimenta e adicione a manteiga sem parar de mexer. Reserve.

Farofa

Derreta a manteiga na panela, acrescente a cebola e refogue até começar a dourar. Adicione a farinha e vá mexendo até secar. Tempere com sal e pimenta e reserve.

Caldo

Leve a cabeça de porco ao forno a 180°C e deixe até que fique dourada. Transfira para uma panela, coloque os vegetais, cubra com água fria e cozinhe por 6 horas. Coe, descarte os sólidos e leve esse caldo ao fogo com o buquê de ervas. Reduza até o ponto de glace, tempere com sal e pimenta e reserve.

Montagem

Coloque a polenta no fundo do prato com a farofa ao lado. Sirva o ovo mole em cima da polenta, despeje o caldo e sirva imediatamente.

Camarão ao curry e coentro
COM RISOTO DE ABÓBORA E CHIPS DE COCO

RENDIMENTO: 4 PORÇÕES

INGREDIENTES

Para o camarão: 28 camarões médios, 120ml de creme de leite, 120ml de leite de coco, 10g de curry em pó, 1 molho de coentro picado, sal a gosto **Para o risoto:** 150g de abóbora, 450ml de água, 20ml de azeite, 20g de cebola picada, 240g de arroz carnaroli, 200ml de vinho branco seco, 550ml de caldo de abóbora, sal e pimenta a gosto, 80g de queijo grana padano ralado, 80g de manteiga **Para os chips:** 300g de coco maduro, 5g de açúcar refinado, sal a gosto, 1 pitada de curry

Preparo

Camarão
Doure o camarão em fio de azeite na frigideira, adicione o creme de leite, o leite de coco e o curry. Deixe reduzir até engrossar o molho. Desligue o fogo, acrescente o coentro e tempere com sal. Reserve.

Risoto
Cozinhe a abóbora na água. Quando estiver macia, bata tudo no liquidificador e reserve esse caldo. Aqueça o azeite, doure a cebola, acrescente o arroz, refogue por 1 minuto e coloque o vinho branco. Mexa até o vinho evaporar e, quando isso ocorrer, adicione o caldo de abóbora. Continue mexendo sem parar até que o caldo evapore e o arroz esteja al dente. Desligue o fogo, tempere com sal e pimenta, e adicione o queijo e a manteiga mexendo vigorosamente.

Chips
Com um fatiador, extraia tiras finas do coco, tempere com açúcar, sal e curry. Leve para assar a 90°C por 20 a 30 minutos.

Montagem
Sirva os camarões ao lado do risoto. Regue o prato com o molho do camarão e espalhe os chips de coco por cima.

Pato
COM PURÊ DE CENOURA, LENTILHA E MOLHO DE CAFÉ, CACAU E MEL

RENDIMENTO: 4 PORÇÕES

INGREDIENTES

Para as coxas (com sobrecoxas) de pato confitadas: 4 coxas (com as sobrecoxas) de pato, 600ml de azeite, 1 folha de louro, 2 dentes de alho descascados, sal e pimenta a gosto **Para os peitos de pato:** 4 peitos de pato, sal e pimenta-do-reino a gosto **Para o purê de cenoura:** 600g de cenoura, 15g de manteiga, 2g de especiarias em pó (cravo, canela, cardamomo, pimentas, semente de coentro, semente de mostarda, cominho etc.), 80ml de caldo de legumes, 10ml de vinagre, sal a gosto **Para a lentilha:** 20ml de azeite, 30g de bacon, 50g de cebola picada, 500ml de caldo de pato, 200g de lentilhas du Puy, sal e pimenta a gosto **Para o molho:** 100ml de café forte, 100ml de demi-glace de carne, 30g de cacau em pó, 100ml de creme de leite fresco, 80g de mel

Preparo

Coxas (com sobrecoxas) de pato confitadas

Coloque as coxas em uma panela pequena e cubra com o azeite. Acrescente o louro, o alho, o sal e a pimenta. Cozinhe em fogo baixo por 2 horas ou um pouquinho mais (até que fiquem bem macias). Retire do azeite, escorra e reserve as coxas e o caldo.

Peitos de pato

Retire as peles dos peitos, tempere-os com sal e pimenta e asse a 120°C, por 2 horas. Remova do forno, corte em triângulos e reserve. Enrole os peitos com plástico filme, deixando-os em formato cilíndrico. Coloque-os no saco de cozimento a vácuo e cozinhe em água por 25 minutos a 64°C. Interrompa o cozimento, dê um choque térmico em água gelada e reserve.

Purê de cenoura

Descasque as cenouras, corte em rodelas e refogue na manteiga. Acrescente as especiarias, o caldo de legumes e o vinagre. Cozinhe até que as cenouras fiquem macias. Processe na Thermomix®, tempere com sal a gosto e reserve.

Lentilha

Leve o azeite ao fogo e doure o bacon e a cebola. Acrescente o caldo de pato e as lentilhas. Tempere com sal e pimenta e cozinhe até os grãos ficarem macios. Reserve.

Molho

Coloque todos os ingredientes na panela e leve ao fogo baixo até reduzir à textura desejada.

Montagem

Leve as coxas ao forno a 180°C até que a pele fique crocante. Retire os peitos do saco de vácuo e doure-o rapidamente em frigideira antiaderente. Fatie-os e sirva com o purê, a lentilha, as coxas e regue a pele crocante com o molho. Sirva imediatamente.

Steak de filé

AOS DOIS PESTOS E VEGETAIS TOSTADOS

RENDIMENTO: 4 PORÇÕES

INGREDIENTES

Para o pesto de rúcula e limão: 2 molhos de rúcula lavados, 150ml de azeite, 30g de nozes, 30g de queijo grana padano, ½ dente de alho, raspas de 1 limão-siciliano **Para o pesto vermelho:** 100g de tomates semidesidratados, 60ml de azeite, ½ xícara (chá) de folhas de manjericão, 1 pimenta dedo-de-moça média picada sem sementes **Para os vegetais:** azeite para grelhar os vegetais, 12 batatas calabresas cortadas ao meio e cozidas em água e sal, 8 cebolas calabresas cozidas al dente, 12 minicenouras cozidas al dente, sal e pimenta a gosto **Para o steak de filé:** 4 peças de filé de 200g cada uma, sal e pimenta-do-reino moída na hora

Preparo

Pesto de rúcula e limão
Branqueie os molhos de rúcula e dê um choque térmico em água gelada imediatamente. Esprema para tirar toda a água e bata no liquidificador com todos os outros ingredientes. Reserve.

Pesto vermelho
Bata todos os ingredientes no liquidificador e reserve.

Vegetais
Grelhe os vegetais em um fio de azeite, temperados com sal e pimenta. Reserve.

Steak de filé
Tempere as peças de filé com sal e pimenta-do-reino e grelhe-as ao ponto.

Montagem
Para servir, disponha o steak com os vegetais e os dois pestos.

Pernil de leitão à pururuca

COM PURÊ DE BATATA-ROXA, CEBOLETAS E FAROFA DE CASTANHA-DO-PARÁ

RENDIMENTO: 4 PORÇÕES

INGREDIENTES

Para o pernil: 4 pernis de leitão, sal e pimenta a gosto, 1 folha de louro, 3 dentes de alho, 1 litro de azeite **Para o purê:** 500g de batata-roxa descascada, 50ml de leite, 50g de manteiga, sal e pimenta a gosto **Para as ceboletas:** 28 ceboletas descascadas, 30g de manteiga, 20g de açúcar, 150ml de caldo de carne, sal e pimenta a gosto **Para a farofa:** 30g de manteiga, 80g de farinha panko, 80g de castanha-do-pará ralada, sal e pimenta a gosto **Para a finalização:** 100ml de óleo vegetal para a pururuca

Preparo

Pernil
Tempere os 4 pernis com sal e pimenta. Coloque-os em uma panela com o louro e o alho e cubra-os com o azeite. Em fogo baixo (90°C a 95°C), cozinhe por 3 horas e 30 minutos. Retire os pernis do azeite e reserve.

Purê
Cozinhe a batata em água fervente até que fique bem macia. Passe em um processador com o leite e a manteiga. Tempere com sal e pimenta. Reserve.

Ceboletas caramelizadas
Leve as ceboletas a uma panela com a manteiga, o açúcar e o caldo de carne. Deixe cozinhar por alguns minutos até que fiquem macias e o caldo tenha reduzido até a textura de glace. Tempere com sal e pimenta.

Farofa
Derreta a manteiga em uma panela, acrescente a farinha e a castanha e deixe dourar por alguns minutos. Retire do fogo e tempere com sal e pimenta-do-reino.

Montagem
Antes de montar o prato, leve os pernis ao forno preaquecido a 180°C e asse-os por 25 minutos. Coloque-os em uma peneira de aço sobre uma panela, aqueça o óleo e o despeje em cima de cada um deles, para "pururucar" a pele. Em seguida, sirva com o purê, a farofa e as ceboletas.

Fondant de chocolate

COM MORANGOS FRESCOS

RENDIMENTO: 10 PORÇÕES

INGREDIENTES

Para a base de biscoito: 320g de manteiga sem sal, 8 gemas, 320g de açúcar de confeiteiro, 450g de farinha de trigo, 30g de fermento em pó **Para o fondant de chocolate:** 650g de chocolate belga ao leite, 270ml de creme de leite fresco **Para a cobertura:** 600g de morangos cortados em cubos *Dica: aos morangos podem ser acrescidas outras frutas vermelhas.*

Preparo

Base de biscoito
Bata a manteiga e as gemas com o açúcar de confeiteiro. Acrescente a farinha de trigo e, depois, o fermento na batedeira. Abra a massa com o rolo e asse sobre uma placa própria para esse fim a 180°C por mais ou menos 15 minutos. Retire e corte aros com um molde de 7,5cm de diâmetro. Reserve.

Fondant de chocolate
Derreta o chocolate em banho-maria, aqueça o creme e misture. Recheie os aros com a mistura de chocolate. Leve à geladeira por 2 horas.

Cobertura
Lave os morangos e reserve.

Montagem

Retire o fondant do aro, cubra com os morangos frescos e sirva.

Índice de receitas

A

Abacaxi caramelizado com manjar de gengibre, calda de maracujá e touille de amêndoas **40**

Atum semicru em crosta de atum defumado, arroz negro com *basilico* e tomate e vinagrete de iogurte com limão **68**

B

Berinjela grelhada com aïoli de páprica, aïoli de cítricos, pó de parma e azeite de ervas **64**

C

Camarão ao curry e coentro com risoto de abóbora e chips de coco **80**

Camarão VG, ragu de tomate com chouriço espanhol e purê de maçã **52**

Carpaccio de cherne com aspargos, croûtons, azeite de carvão e pesto de rúcula com cítricos **30**

Costela de 12 horas com farofa de farinha-d'água, baroa assada e aspargos **72**

D

Duo de cordeiro (compressé e costeleta) em seu glace com cogumelos e minicenouras **70**

F

Fondant de chocolate com morangos frescos **88**

G

Galinha-d'angola em dois cozimentos, molho com especiarias, espinafre e arroz de amêndoas (acompanha saladinha de flores e brotos) **34**

L

Lagosta em baixa temperatura com ghee de ervas, palmito, abóbora e ervilha **32**

M

Manga com queijo de cabra brûlé, salada de folhas ao vinagrete de mel de engenho e telha de pecorino **44**

Miniperas ao vinho do Porto, baunilha e canela e creme de mascarpone com limão e amêndoas tostadas **38**

O

Ostras crocantes com aïoli de anchova e ostras cruas com tartare de tomate **60**

Ovos moles com polenta branca, farofa de farinha-d'água e caldo de porco **78**

P

Paleta de cordeiro assada com seu glace, batata calabresa com vegetais e farofa crocante **36**

Pato com purê de cenoura, lentilha e molho de café, cacau e mel **82**

Pernil de leitão à pururuca com purê de batata-roxa, ceboletas e farofa de castanha-do-pará **86**

Polvo grelhado ao pesto de pistache com nhoque de azeitonas pretas, tomatinhos e manjericão **66**

R

Ribeye steak de Angus full blood ao demi-glace de rabada com batata-doce gratinada com queijo azul, échalotes ao balsâmico e aspargos **54**

S

Salmão defumado, vinagrete de shiitake com macadâmia e guacamole **48**

Salmão semicru com sua pele crocante, molho de cebola com gengibre e shoyu e chantili de raiz-forte **28**

Sopa bicolor de cará e de ervilha e azeite de aipo e hortelã **76**

Steak de filé aos dois pestos e vegetais tostados **84**

T

Tartare de frutos do mar com banana e vinagrete de balsâmico e tangerina **62**

Terrine de foie gras com figo e saladinha de brotos **50**

V

Verrine de cheesecake de mascarpone com frutas vermelhas e biscoito de amêndoas **56**

Vieiras grelhadas, com abobrinha e aipo **46**

Anotações

Anotações

Anotações

Anotações

A Editora Senac Rio de Janeiro publica livros nas áreas de Beleza e Estética, Ciências Humanas, Comunicação e Artes, Desenvolvimento Social, Design e Arquitetura, Educação, Gastronomia e Enologia, Gestão e Negócios, Informática, Meio Ambiente, Moda, Saúde, Turismo e Hotelaria.

Visite o site **www.rj.senac.br/editora**, escolha os títulos de sua preferência e boa leitura.

Fique atento aos nossos próximos lançamentos!

À venda nas melhores livrarias do país.

Editora Senac Rio de Janeiro
Tel.: (21) 2545-4927 (Comercial)
comercial.editora@rj.senac.br

Disque-Senac: (21) 4002-2002

Este livro foi composto nas tipografias Klinic Slab, KG e PT Sans por Marcela Perroni | Ventura Design, e impresso pela Coan Indústria Gráfica Ltda., em papel *couché matte* 150g/m², para a Editora Senac Rio de Janeiro, em março de 2016.